国家出版基金项目
NATIONAL PUBLICATION FOUNDATION

记住乡愁

——留给孩子们的中国民俗文化

刘魁立◎主编

第八辑 传统营造辑

贯木拱廊桥

本辑主编 刘托

程 霏 沈 策◎著

黑龙江少年儿童出版社

编委会

序

　　亲爱的小读者们，身为中国人，你们了解中华民族的民俗文化吗？如果有所了解的话，你们又了解多少呢？

　　或许，你们认为熟知那些过去的事情是大人们的事，我们小孩儿不容易弄懂，也没必要弄懂那些事情。

　　其实，传统民俗文化的内涵极为丰富，它既不神秘也不深奥，与每个人的关系十分密切，它随时随地围绕在我们身边，贯穿于整个人生的每一天。

　　中华民族有很多传统节日，每逢节日都有一些传统民俗文化活动，比如端午节吃粽子，听大人们讲屈原为国为民愤投汨罗江的故事；八月中秋望着圆圆的明月，遐想嫦娥奔月、吴刚伐桂的传说，等等。

　　我国是一个统一的多民族国家，有 56 个民族，每个民族都有丰富多彩的文化和风俗习惯，这些不同民族的民俗文化共同构筑了中国民俗文化。或许你们听说过藏族长篇史诗《格萨尔王传》

中格萨尔王的英雄气概、蒙古族智慧的化身——巴拉根仓的机智与诙谐、维吾尔族世界闻名的智者——阿凡提的睿智与幽默、壮族歌仙刘三姐的聪慧机敏与歌如泉涌……如果这些你们都有所了解，那就说明你们已经走进了中华民族传统民俗文化的王国。

你们也许看过京剧、木偶戏、皮影戏，看过踩高跷、耍龙灯，欣赏过威风锣鼓，这些都是我们中华民族为世界贡献的艺术珍品。你们或许也欣赏过中国古琴演奏，那是中华文化中的瑰宝。1977年9月5日美国发射的"旅行者1号"探测器上所载的向外太空传达人类声音的金光盘上面，就录制了我国古琴大师管平湖演奏的中国古琴名曲——《流水》。

北京天安门东西两侧设有太庙和社稷坛，那是旧时皇帝举行仪式祭祀祖先和祭祀谷神及土地的地方。另外，在北京城的南北东西四个方位建有天坛、地坛、日坛和月坛，这些地方曾经是皇帝率领百官祭拜天、地、日、月的神圣场所。这些仪式活动说明，我们中国人自古就认为自己是自然的组成部分，因而崇信自然、融入自然，与自然和谐相处。

如今民间仍保存的奉祀关公和妈祖的习俗，则体现了中国人崇尚仁义礼智信、进行自我道德教育的意愿，表达了祈望平安顺达和扶危救困的诉求。

小读者们，你们养过蚕宝宝吗？原产于中国的蚕，真称得上伟大的小生物。蚕宝宝的一生从芝麻粒儿大小的蚕卵算起，中间经历蚁蚕、蚕宝宝、结茧吐丝等过程，到破茧成蛾结束，总共四十余天，却能为我们贡献约一千米长的蚕丝。我国历史悠久的养蚕、丝绸织绣技术自西汉"丝绸之路"诞生那天起就成为东方文明的传播者和象征，为促进人类文明的发展做出了不可磨灭的贡献！

小读者们，你们到过烧造瓷器的窑口，见过工匠师傅们拉坯、上釉、烧窑吗？中国是瓷器的故乡，我们的陶瓷技艺同样为人类文明的发展做出了巨大贡献！中国的英文国名"China"，就是由英文"china"（瓷器）一词转义而来的。

中国的历法、二十四节气、珠算、中医知识体系，都是中华民族传统文化宝库中的珍品。

让我们深感骄傲的中国传统民俗文化博大精深、丰富多彩，课本中的内容是难以囊括的。每向这个领域多迈进一步，你们对历史的认知、对人生的感悟、对生活的热爱与奋斗就会更进一分。

作为中国人，无论你身在何处，那与生俱来的充满民族文化DNA 的血液将伴随你的一生，乡音难改，乡情难忘，乡愁恒久。这是你的根，这是你的魂，这种民族文化的传统体现在你身上，是你身份的标识，也是我们作为中国人彼此认同的依据，它作为一种凝聚的力量，把我们整个中华民族大家庭紧紧地联系在一起。

《记住乡愁——留给孩子们的中国民俗文化》丛书，为小读者们全面介绍了传统民俗文化的丰富内容：包括民间史诗传说故事、传统民间节日、民间信仰、礼仪习俗、民间游戏、中国古代建筑技艺、民间手工艺……

各辑的主编、各册的作者，都是相关领域的专家。他们以适合儿童的文笔，选配大量图片，简约精当地介绍每一个专题，希望小读者们读来兴趣盎然、收获颇丰。

在你们阅读的过程中，也许你们的长辈会向你们说起他们曾经的往事，讲讲他们的"乡愁"。那时，你们也许会觉得生活充满了意趣。希望这套丛书能使你们更加珍爱中国的传统民俗文化，让你们为生为中国人而自豪，长大后为中华民族的伟大复兴做出自己的贡献！

亲爱的小读者们，祝你们健康快乐！

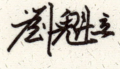

二〇一七年十二月

目 录

贯木拱廊桥是中国
桥梁史上的活化石

| 贯木拱廊桥是中国桥梁史上的活化石 |

桥，又称为桥梁，最初是为了解决跨水的交通问题而产生的一种通道。从"桥梁"二字的字形上就可以看出，最初的桥梁是木制的。

根据桥体所用材料的不同，桥梁可以分为木桥、石桥、铁桥等，根据桥体的结构造型不同，桥又可以分为梁桥、拱桥等。

桥上加廊形成廊桥

桥面上建有屋、廊、亭的桥统称为廊桥，也就是刘敦桢先生说的"覆亭构屋之桥"。如福建屏南的千乘桥、北京颐和园的豳风桥和湖南通道的回龙桥。

| 福建屏南千乘桥 |

| 颐和园
幽风桥 |

| 湖南通道
回龙桥 |

虹桥就是贯木拱桥

　　最早的贯木拱桥形态出现在北宋画家张择端所画的《清明上河图》中。这幅画所表现的是北宋汴京（今河

│《清明上河图》
中虹桥│

南开封）东南城郊清明时节普通人活动的景象。画面栩栩如生，情节丰富，构图疏密有致，富有节奏感和韵律的变化，笔墨章法方面也很巧妙，颇见功底。画中仅有的一座横跨汴河的木质拱桥，是此画的一个亮点。此桥规模宏大，结构也非常精巧，形式优美，宛如飞虹，因而又称其为虹桥，也就是贯木拱桥。

贯木拱桥加廊形成贯木拱廊桥

贯木拱廊桥特指分布于福建东、北部和浙江南部，以木为材料、以贯木拱为主要技术、桥面上建有长廊的桥体。贯木拱廊桥诞生在北方却流行于闽浙一带，关于这一点，有很多种说法，主要有以下三种。

北宋传入说

北宋时期，贯木拱桥出现后，通过北去归来的船夫、木工或北方派往南方的官吏，以及往来的商人，将贯木拱桥技术传到闽浙地区。为了适应当地情况，经过不断改造，最终建造出贯木拱廊桥。

南宋传入说

北宋时期的"靖康之变"后，皇室向南迁移，南宋建立。士农工商随之南下，贯木拱桥技术传到南方。在闽浙山区，由于树木众多，取材方便，利于贯木拱桥大量建造。

独立发展说

有的专家认为闽浙贯木拱廊桥是当地的先民因地制宜创造出来的，有自己独立的发展体系。

明清以来，闽东、北和浙南两省交界的山区人口多、耕地少，土地贫瘠，而且倭患严重。从中原迁移过来的大批汉人先后进入山高林密、溪壑纵横的山区地带生活，为了交通便利，建桥铺路是必需的。另外，由于气候温和、雨量充沛，那些便于水上漂流运输、不易虫蛀朽变的南方杉木，为建桥提供了上好的木料。此时，以虹桥为原型的贯木拱技术日趋成熟，在此基础上，人们发现有廊屋遮蔽桥体能够保证桥体使用得更为持久。在以上各种因素的作用下，形成了具有地域特点的贯木拱廊桥。

至今还留存的贯木拱廊桥大约110座，大多数分布在福建宁德、南平以及浙江温州、丽水这四个市的山区县，只有少量分布在福建泉州和福州的山区县。

闽浙地区现存的贯木拱廊桥主要是清朝、民国时期建造的，近些年也零星建造　了一些。

贯木拱廊桥的代表

历史文献记载修建时间较早的贯木拱廊桥是浙江泰顺的三条桥和庆元的双门桥，前者位于浙江泰顺洲岭乡和垟溪乡交界处，后者位于浙江庆元松源镇大济村。

我国现存最长的贯木拱廊桥是万安桥，桥长近百米。

万安桥位于福建屏南长桥镇，始建于北宋元祐五年，清乾隆七年重建，清乾隆二十二年又遭盗焚，清道光二十五年复建为34开间、136柱桥，后期被烧毁。1932年再次重建，桥身向西北岸延伸，廊屋为38开间、156柱，桥的

| 浙江泰顺三条桥 |

西北端建有重檐桥亭。1953年万安桥西北两拱及桥亭被水患毁坏，1954年重建两拱，没有重建桥亭。现今万安桥拱架为6跨、廊屋为37开间、152柱。

福建屏南万安桥

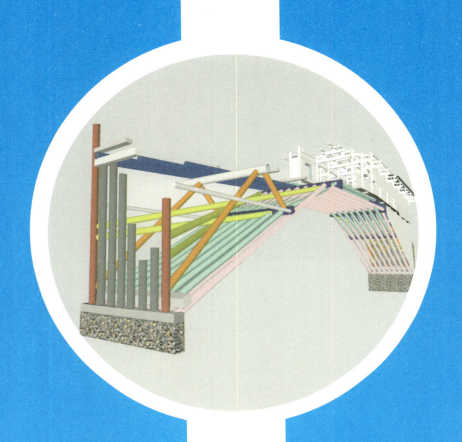

与贯木拱廊桥有关的
趣味名词

| 与贯木拱廊桥有关的趣味名词 |

贯木拱廊桥受地域性、结构方式的特殊性等因素的影响，其本身以及部分组成构件都具有了独特的名称。

廊桥的别称

廊桥，是指桥面上建屋的桥，在不同的区域有不同的名称，如福建省多称为廊桥、厝桥和亭桥。浙江省南部的贯木拱廊桥主要被称为柴桥、蜈蚣桥。风雨桥、鹊亭桥、花桥、福桥、回龙桥等名称多流行于湖南、湖北、贵州、广西等地，多指侗族的廊桥。

构件的名称

廊桥由很多构件组成，其中部分构件的名称更是特别有趣。

"某某苗"的专属名称

贯木拱廊桥的桥体拱架系统中有很多叫"某某苗"的构件及构件组合，如三节苗、五节苗、剪刀苗、桥板苗等。这是当地特有的一种说法。"苗"也就是树干的意思，"苗杆""拱杆"就是梁、枋类的杆件。

平苗和斜苗，是贯木拱廊桥拱架系统中基本拱杆的

构件的名称

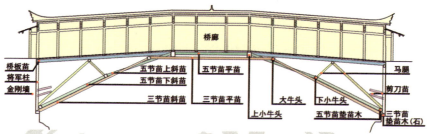

桥廊

桥板苗　将军柱　金刚墙　五节苗上斜苗　五节苗下斜苗　五节苗平苗　三节苗斜苗　三节苗平苗　上小牛头　大牛头　下小牛头　五节苗垫苗木　马腿　剪刀苗　三节苗垫苗木（石）

名称，水平的称作"平苗"，倾斜的称作"斜苗"。

三节苗，是拱架系统的"第一系统"，此系统只有这一种类型，它是由一组平苗和两组斜苗组成的三架拱。

四节苗和五节苗，是拱架系统中"第二系统"的两种类型。由四组斜苗组成的

福建屏南迎风桥剪刀苗

四架拱称为四节苗，由一组平苗与四组斜苗组成的五架拱称为五节苗。有时，人字拱和三节苗也可以作为第二系统。

剪刀苗，形似日常使用的剪刀，是安装在第一系统和第二系统之上的交叉支架，可使拱架更加稳定。

桥板苗，也称为"地坪苗"，是为了将桥面所受压力平稳地传递到桥体下部拱架的一组纵梁。

仿生名称

牛眠木和牛眠石，多称作垫苗木和垫苗石，是用木材或者石材做的垫三节苗、

五节苗的底座。

牛头，是拱架系统中斜苗之间及斜苗与平苗接合处的横木，采用榫卯连接的方式。三节苗斜苗和平苗接合处为"大牛头"，五节苗下斜苗和上斜苗、上斜苗和平苗接合处分别为"下小牛头"和"上小牛头"。

鸭嘴甲和牛吃水，三节苗斜苗的下端作凹口，木匠称作"鸭嘴甲"；在平苗两端作燕尾榫，木匠称作"牛吃水"。

马腿，一个"丌"形木撑，又被称为"青蛙腿""蚱蜢腿"，它能够将桥板苗所受压力平稳地传递到拱架。

寓意名称

将军柱，即两侧三节苗垫苗木（石）两端竖立的柱子，共4根。

金刚墙，是指桥台与木拱架相接处桥台的竖直墙，通常用条石、块石或者大卵石砌筑而成的，它的稳固是整座桥体稳定的必要条件。

| 福建寿宁尤溪上桥三节苗鸭嘴甲 |

| 福建寿宁单桥块石砌筑的金刚墙 |

从所在的位置来看，有河岸边的桥台和溪流中的桥墩。从桥台形态来看，有单个的桥台和两重的桥台。

桥台的中心位置、拱架的起拱高度以及桥面板的高度，均由负责修建贯木拱廊桥的主墨（每一座贯木拱廊桥的主要设计人）来确定。因此，砌筑桥台的石匠要与主墨紧密配合，并听从指挥，确保建桥工程顺利完成。

造桥时涉及的名词

起水五，是指三节苗斜苗"起水"的高度数值，即斜苗垂直高度是长度的"十分之五"，斜苗与水平的夹角应当在26°左右。斜苗的斜度在建造拱架中起到提纲挈领的作用，决定了拱架中所有木构件的长短。

水架柱，是指简易的脚手架，由多根原木搭建而成，水架柱形似秋千，也称秋千架。桥体的两端各一架，每架由两根立柱和两根横梁组成"井"字形，立柱长于横梁，但是水架柱的宽度和高度却因桥而异。水架柱既可以供工匠上下，也能支撑三节苗等构件，更重要的是可以确定"起水"。水架柱的尺寸也只掌握在主墨的手里，

| 福建屏南金造桥迁建时的水架柱 |

水架柱

一般不告诉外人。确定水架柱下横梁位置的过程叫"定水"。建桥工匠先按估计的位置建好水架柱，然后安装最中间的一根三节苗斜苗，在这根三节苗斜苗上钉好竹钉后，由主墨或有经验的工匠沿竹钉攀爬到水架柱的下横梁上，确定下横梁的位置，即"起水"位置。

天门车，是一种简易的吊装工具，呈绞车状，由木架、绞轴、长绳等组成。它和水架柱一样，都是古代建造贯木拱廊桥过程中的重要设施，是用来起吊各类苗木的设备。

木叉马，是由两段长 1 米左右的杉木交叉成"×"形，再由一根木棍穿过交叉点组成的有三个支点的简易木架，用以支撑木头和搭建

| 天门车 |

工作台。这个工作台一般由一块长 3 米左右、宽约 30 厘米、厚 10 厘米左右的杉木板制成，且在木板的一端需穿入长 50 厘米带深槽的圆木段。另外，还要配备不同厚度的方形或三角形木楔，用于刨板及制作构件时夹紧木构件。

荡锤又称为"行锤"，类似于古代攻城用的破门锤和筑路用的夯锤。它的制作方法简单，通常由新伐的松木段制成锤身，然后用绳索

| 荡锤 |

| 福建寿宁大宝桥廊屋内的丈篙 |

置于廊屋架驼上的丈篙

穿过作为抓手。在安装拱架小牛头时，需要用巨大的力量撞击木质牛头才能使榫头穿入。为了防止牛头破损，不能使用金属做的重锤当撞击工具，只能用木质的工具来撞击，因此就发明了荡锤。

丈篙，是带有信仰色彩的一种特殊量尺，截面一般为四边形，各地的长度不同。现在可以看到有些廊屋里的喜梁下面放置着丈篙。

双胞柴，指三株或两株同根枝叶茂盛的杉木，用来做廊屋正中屋脊顶的喜梁和桥中间神龛两边的立柱。

造桥的工匠

造桥的工匠有木匠、石匠和泥水匠。其中，木匠是造桥最主要的工匠，有主墨、副墨、木匠和锯匠之分，这都是根据一些贯木拱廊桥内梁上的记载而得知的。

"主墨"（主绳）一词来源于"墨斗"。墨斗是中国传统木匠经常使用的工具，由墨仓、线轮、墨线（包括线锥）和墨签四部分构成。使用时墨线由木轮经墨仓细孔处牵出，固定于一端，然后将墨线提起弹在要画线的地方留下墨痕，最后转动线轮将墨线收回，因此也称墨斗为"线墨"或"绳墨"。

人们在评价大木师傅技艺水平高时，总是会称赞他建造的建筑或制作的物品"墨绳准"，于是"绳墨"又成为造桥主要工匠的别称。如贯木拱廊桥传统营造技艺国家级传承人黄春财师傅，20岁时就担任了屏南县长桥镇上圪桥的主墨。

"副墨"又称为"副绳"，指在贯木拱廊桥建造中担任助手的木匠。

造桥世家，即代代相传建造贯木拱廊桥的大家族。比如，"周宁秀坑造桥世家"指的是福建周宁礼门乡秀坑村的张姓造桥家族。根据张氏家谱的记载，张氏祖籍河南，迁居至福建，后来又由屏南县的寿山乡迁到周宁县的秀坑村，现在共十五代。张昌智就是其中一位，2015年，他应邀建造的贯木拱廊

| 黄春财（左）与儿子黄闽辉（贯木拱廊桥传统营造技术市级传承人）|

桥顺利落户德国雷根斯堡， 曾轰动一时。

造桥组织

在修建贯木拱廊桥时，首先推选并确定建桥的主事人，称为"头哥""缘头"，有的地区也称其为"缘首""首事"等。

董事，往往由五至九人组成，是管理建造贯木拱廊桥事务的执行机构。

在缘首和董事的带领以及村民的支持下，造桥工匠们才能有序、高效地完成建桥任务。

贯木拱廊桥的突出特点

| 贯木拱廊桥的突出特点 |

贯木拱廊桥所在区域为浙闽丘陵地带，这一带属于典型的亚热带海洋型季风气候，冬季较短，夏季较长，冬无严寒，夏无酷暑，且风力较大，温暖湿润，雨量充沛。进而造就了贯木拱廊桥独特的结构和建筑形态。

地理环境

贯木拱廊桥所在区域山高林密、溪壑纵横，它们主要集中在雁荡、括苍、洞宫和鹫峰四大山脉中，只有少量分布在戴云山脉中。山谷中的溪流纵横交错，闽江、瓯江、飞云江、霍童溪、交溪等水系流经贯木拱廊桥遍

| 雁荡山风景 |

|括苍山上壮观
的云海|

布的区域汇入东海。

这些山地区域，在气候、雨水和土壤等方面最适合南方杉木的生长，是我国南方杉木的主要产地。南方杉木是一种高产的建筑材料，这种树长势高且挺拔、纹理很直、节疤较少、密度适中、易于加工，又因它能在水上漂流，方便运输，且不易被虫蛀和腐朽，所以是建造贯木拱廊桥最好的材料。

贯木拱廊桥的基本特点

贯木拱廊桥属于闽海系建筑，不但顺应环境和气候，在防风、挡雨、通风等方面有着成功的经验，形态丰富多变，且装饰与地方传统结合。

廊屋形态舒展

贯木拱廊桥因桥头两侧不一定在同一高度上，建成后桥面多半是平坡或缓坡，且桥面系统与拱架系统相对独立。为了避免洪水毁坏桥体，通常将桥台建高，使桥体拱架的拱脚处于洪水的最高水位之上。

廊屋通常是双坡单脊屋顶，横向可以是凹曲面也可以是直坡；纵向随桥面曲折起伏。廊屋需要重点处理的部位是桥的中间和两端，有的设置形态丰富的攒尖顶、歇山顶、牌楼等。

拱架构件榫卯连接

贯木拱廊桥中拱架的各个构件采用榫卯接合的方式搭建在一起。三节苗斜苗上端、五节苗下斜苗两端及上斜苗上端都是直榫，五节苗上斜苗下端、三节苗和五节苗的平苗两端都是燕尾榫。安装时用牛头套入各个斜苗的直榫内，从上将苗杆的燕尾榫落入牛头的卯内。这种榫卯主要受压力，施工过程中可以将两个系统拉紧。

防水措施全面

贯木拱廊桥的廊屋最主要的功能是防水，有了廊屋，拱架的使用寿命可以延长。

桥廊有全封闭式与半封闭式两种。其中，全封闭式

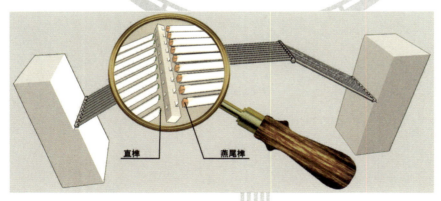

直榫　　燕尾榫

三节苗与大牛头的榫卯示意图

│福建寿宁桥
身全封闭式
的登云桥│

的较多，而半封闭式的有檐口到栏杆扶手以上不封闭和檐口到整个栏杆高度内不封闭两种。闽浙山区时常遭遇台风，廊屋除了防水之外，还增加了桥面的荷载，使拱架这一轻便结构得以稳固。此外，它也被赋予了更多的功能。

除了廊屋之外，桥面上

│福建屏南桥
身半封闭式的
金造桥│

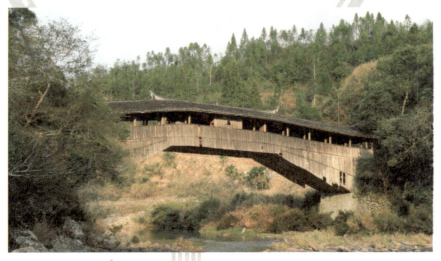

通过铺卵石、石板、砖等方式来加强防水性。拱架的两侧装有风雨板，一层层铺设到拱架底部。

桥台一般用块石或卵石堆砌，可以使排水通畅，桥台背后和拱架底部无积水，进而保证斜苗下端不腐朽。此外，垫苗木（石）也利于排水，三节苗斜苗的下端要做好防腐处理。

防火办法巧妙

贯木拱廊桥火灾预防可以从两个方面着手：一是制定法律性条文，避免火灾诱发；二是通过民俗或宗教信仰，从思想上强化人们的防火意识。

廊桥屋顶侧檐上有的装有悬鱼和卷草，这是廊桥屋顶的重要装饰物之一。悬鱼的实用功能是为了防止悬挑的檩条端头受淋。它的基本形式为直线和弧线两种，一般都雕刻"鱼"的形象，有的也刻"壬""癸"等字，

25

| 福建寿宁大宝桥屋顶侧檐的悬鱼 |

| 福建寿宁升平桥屋顶上的卷草装饰 |

或者在上头雕一个"水"字。在贯木拱廊桥中，悬鱼又担当着镇火的重任。因为木构建筑极易遭受火灾，而鱼为水中之物，壬、癸两字在五行方位中也代表水，所以古人认为雕刻与水有关的图案或者文字，可以起到镇火的作用。另外，屋脊装饰"卷草"纹也是因为卷草为水中之物，可以克火。贯木拱廊桥的中部常设有神龛，稍有疏忽就会引起火灾，因此加大防火管理的力度是非常必要的。

用木杆纵横相贯的绝技

用木杆纵横相贯的绝技

2008 年 6 月，闽浙地区的木拱桥传统营造技艺成功入选第二批国家级非物质文化遗产名录。2009 年，中国木拱桥传统营造技艺被联合国教科文组织列入"急需保护的非物质文化遗产名录"。

可以看出，贯木拱廊桥中的桥体拱架部分是其最富创造性、技术含量最高的部分，它的营造技艺既重要、独特，又亟须保护。那么贯木拱是怎么构成和建造的？有哪些类型呢？

贯木拱廊桥的雏形

三节拱廊桥是贯木拱廊桥的雏形，这种桥是在溪流两岸筑起桥台，在两个桥台之间再架起三节拱架，其中

三节拱示意图

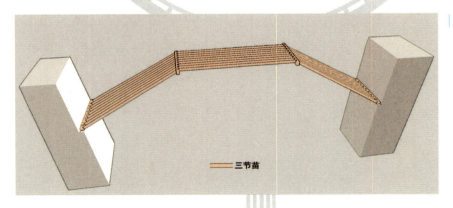

三节苗

两个斜撑的拱木组与水平拱木组之间需要添加用榫卯连接的牛头，接着在桥台与牛头间安装纵梁，再铺设桥面，最后在上面建造廊屋。有些三节拱的拱架还增加了剪刀苗用以增强桥体侧面的抗风能力。此类型的廊桥比较典型的是福建南平建阳区的龙凤桥。

贯木拱廊桥的构造类型

在三节拱廊桥的基础上，将两组拱架纵横相贯形成贯木拱廊桥。

贯木拱廊桥的拱架结构由两个系统组成，第一系统是三节苗，第二系统是人字拱、三节苗、四节苗和五节苗中的任意一种。因此，就形成了四种类型的贯木拱廊桥。不同类型之间是存在差异的，形成拱架的两个系统之间的斜苗、平苗相间相贯，当贯穿其中的牛头别靠在另一系统的斜苗、平苗上时，通过力的互相传递，每部分的承载力度都被重新分配，进而增强拱架的稳定性。

这四种不同类型的贯木拱廊桥的拱架是从现存的实例中归纳总结出来的，它们

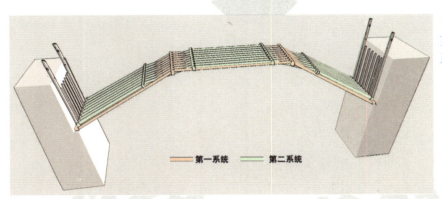

第一系统　第二系统

的结构和构造由简单到复杂，既体现了贯木拱廊桥桥体拱架体系的多样性，又体现了造桥工匠的造桥经验的丰富性。由于环境和造桥工匠技艺的差异，贯木拱廊桥又有很强的地域特征和人文特征。

三节苗与人字拱组成的贯木拱廊桥

桥体拱架体系由三节苗与人字拱组合，人字拱顶端的枋木顶住三节苗的平苗，组成主要拱架系统，然后安装桥板苗，上面再铺设桥面板，最后建造廊屋。这是最

简单的由两个系统组成的贯木拱廊桥，这种类型的也很罕见，如浙江绍兴新昌乡的普济桥，福建周宁玛坑乡的上坑桥（已消失）。

两组三节苗构成的贯木拱廊桥

由两组三节苗穿插组合构成拱架系统的贯木拱廊桥，现今还在使用的并不多，如福建南平延平区峡阳八字桥和月圆桥（已消失）、福建南平顺昌岚下桥和兴隆桥、福建福州闽侯蕉溪桥等。

三节苗与四节苗构成的贯木拱廊桥

由三节苗与四节苗两套系统穿插组合构成的贯木拱廊桥的拱架系统与《清明上河图》中的虹桥十分相似，但是具体细节、连接方式等方面却又不同，这种类型也很罕见。

三节苗与五节苗构成的贯木拱廊桥

由三节苗与五节苗穿插组合构成的贯木拱廊桥，无论是从整体结构还是外观的

|福建屏南
广福桥|

视觉效果上来说，都是比较好的，也更加成熟和完善。

如福建屏南广福桥，以及福建寿宁升平桥、登云桥等。

贯木拱廊桥的建造步骤

不同地区、不同类型的贯木拱廊桥在拱架的构成、跨度、桥长、桥宽、桥面坡度、桥面材料、廊屋形式等方面有一些差异，但是造桥技术及工艺基本上是类似的。下面就以三节苗与五节苗构成的贯木拱廊桥为例，根据施工顺序介绍建造的过程及相关的技艺内容。

选桥址

建造贯木拱廊桥之前，首先要选桥址。大多数桥址的选择都要既符合造桥地理位置，又能保护乡村的"风水"，因此人们通常选择两岸之间距离相对较近一些的位置，最好两边都有凸出的岩石，这样不仅可以减小拱架的跨度，还能有效地降低

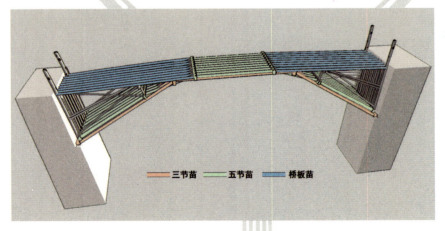

| 拱架主要构成示意图 |

三节苗　　五节苗　　桥板苗

建桥的工程量。

流经村庄的溪流出口处俗称"水尾"，为了把守水口，保护乡村的风水，桥址一般选择乡村的水尾，所建的桥又称为"水尾桥"或"风水桥"。福建寿宁的下坪桥、溪头桥等，最初是贯木拱廊桥，被毁后改建石拱桥时，仍然选择在原址基础上重建，这说明原来的选址是正确的。

筑桥台

在选定桥址之后，开始建造桥台。桥台的砌筑方式一般有三种形式，以福建寿宁的桥台为例：一是利用自然悬崖岩壁加以修整，如下党鸾峰桥、犀溪福寿桥；二是在溪边岩石上用条石或块石砌筑，如芹洋张坑桥；三是在岸边砌筑桥台或在岸边平地做船形墩为桥台，如坑底小东上桥。

造主体拱架

造主体拱架是建造贯木拱廊桥的技术核心，由搭建三节苗、立将军柱和铺设五节苗三个环节构成。

搭建三节苗

搭建三节苗就是建造第

| 福建屏南百祥桥被毁后利用原址桥台重建百祥桥 |

一系统，也就是建造三节拱系统。通常情况下，此系统的用料为9组，也有的用7组或者11组。

第一步，在溪流的两侧和溪流中砌好桥台和桥墩，然后为三节苗垫上底座，也就是垫苗木（石）。

第二步，将制作好的三节苗斜苗起吊放置在水架柱上。斜苗下端的"鸭嘴甲"顶在垫苗木（石）上，上端安装垂直于桥跨方向的大牛头，牛头所使用的木材多为苦槠树。

第三步，安装三节苗的平苗。此时需要从上向下将平苗打入大牛头中，平苗两端为燕尾榫。

这样，贯木拱廊桥主要受力结构的第一系统就完成了。

立将军柱

将军柱分为两种，一种是直透桥屋梁架的透柱，这种受力较好；另一种是仅到桥台平面的半柱。在两根将军柱之间一般再加一道横梁，为以后做桥板苗时使用。横梁下部通常设置有一组排架柱，它后面与桥台之间需用短木塞紧。另外，将军柱还须紧贴着桥台，并且和三节苗的斜苗形成一个夹角，为下一步铺设五节苗做铺垫。

铺设五节苗

以三节苗、将军柱和排架柱为支撑，接着安装五节苗。五节苗系统的用料相对较少，并且长短不一，通常比三节苗少一组。

第一步，在将军柱和三节苗斜苗形成的夹角位置，放置五节苗垫苗木，五节苗的下斜苗与三节苗的斜苗交错排列，下端插入五节苗垫苗木，下小牛头紧贴在三节苗斜苗上插入五节苗下斜苗上端。

第二步，将五节苗上斜苗下端连接下小牛头，紧贴三节苗大牛头底部穿过，终止于三节苗平苗上部，并在五节苗上斜苗的上端安装上小牛头。这部分是三节苗系统和五节苗系统相互咬合、

｜福建寿宁仙宫桥一组剪刀苗｜

｜福建寿宁张坑桥两组剪刀苗｜

形成整体和共同承受荷载的关键所在。

第三步，同安装三节苗平苗的做法一样，从上往下将五节苗平苗打入上小牛头中，从而完成桥拱架主要受力结构的第二系统。有的五节苗与三节苗平苗竖直对齐，看上去似乎是两杆相叠加，以此增加水平杆的弯曲刚度。

两套系统的紧密编搭，使各自的不稳定结构相互抑制，进而促使桥拱架整体的稳定性得到极大的提高，也提升了桥拱架的承载能力。

安装剪刀苗

贯木拱廊桥的剪刀苗往往根据桥体或木匠的不同使用一组或两组。用一组剪刀苗的做法是下端用透榫穿将军柱，上端用燕尾榫接大牛头；用两组的做法也类似，

通常下面的一组连接将军柱与下小牛头，上面的一组连接将军柱与大牛头。为了使剪刀苗固定，有的将剪刀苗中间的交叉处用铁箍套住，有的在交叉处的中心点钻孔扦铁条。剪刀苗的使用增加了拱架的稳定性，避免桥体左右摆动。

安装马腿、桥板苗

为使桥板苗所受压力平稳地传递到拱架，往往需先安装一个"丌"形的马腿。

桥板苗通常被放在马腿上，且一端接在上小牛头上，另一端接将军柱横梁上。

铺桥面

在桥板苗和五节苗平苗上铺柱角枋、桥板枋，然后铺木桥板形成桥面。有的贯木拱廊桥还会在木桥面上再铺砖、卵石或者石板，增加防水性和耐久性。

架桥屋

贯木拱廊桥上面的廊屋如同房屋，多数是四柱九檩穿斗–抬梁混合结构。桥廊高度和宽度没有统一的规定，但是有一句行话称作"七轿八马"。

屋顶有多种形式，如位于福建寿宁县城蟾溪上飞云、升平、仙宫、登云四座廊桥的廊屋的屋顶形态各异。

铺好廊屋的屋顶，做好

神龛，钉好风雨板，贯木拱　廊桥的建造就基本结束了。

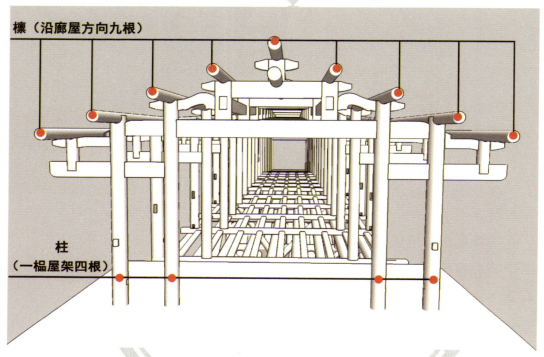

檩（沿廊屋方向九根）

柱
（一榀屋架四根）

| 廊屋四柱九檩示意图 |

| 寿宁升平桥 |

| 寿宁仙宫桥 |

贯木拱廊桥的营造风俗

| 贯木拱廊桥的营造风俗 |

我国建造贯木拱廊桥的历史有几百年了。在生产力相对落后、技术与安全保障普遍缺乏的年代，为了造桥的过程顺利进行，人们通常会敬天、敬地、敬神明。以不同的形式与天地神明沟通，确保工程顺利进行，造福地方。

与敬天有关的是选择黄道吉日，与敬地有关的是选择风水朝向，与敬神有关的是祭祀祈福。这些造桥习俗既有合理的因素，也有不科学的成分，但它们都是在漫长的劳动中逐渐形成的，是贯木拱廊桥营造过程中不可或缺的部分。

施工习俗

择日起工

开始造桥前，筹建贯木拱廊桥的缘首与董事要先选好造桥工匠，接着确定桥的具体建造位置，并请风水先生测定桥台的坐向方位，再请择日先生占卜，选择祭河、起拱和上梁的黄道吉日吉时，并用红纸写成"择日吉课"。

择日吉课要送给造桥的主墨鉴定是否符合造桥的进度要求，如果确定了建桥时间，就要严格执行；如果有冲突，由主墨提出建议，再

| 福建福安积谷桥廊屋梁上写有风水先生和择日先生的姓名 |

请择日先生酌情改动。择日吉课有繁有简。有的桥还把风水先生和择日先生的姓名写在廊屋内的梁上，如福建福安康厝乡的积谷桥重建于清同治十年，廊屋内梁上书写着"阴阳秦肇明，郑金岳，尅择叶孔淑，陈敬爵"。

置办喜梁

伐喜梁要择吉日，选择四位父母双全、三代同堂的"好命仔"去砍伐杉木，并准备香烛茶酒等祭山礼，以示对自然馈赠的崇敬。完成祭山礼以后，木匠开斧伐木

要唱伐木经，即吉祥的话，如"左边发斧千年发，村村兴发，世代隆昌；右边发斧世代兴，财丁两旺，富贵双全。"为讨吉利，喜梁不能往山下的方向倒，而要顺山上方向徐徐放下，并在预备放梁木的地方铺上树枝之类的东西，以防受到玷污。

经过处理后，需要保留杉木树尾七盘树杈（俗称树绦），悬挂在喜梁当中（寓意有头有尾，兴旺发达），并给喜梁披上红布，沿路鸣炮抬回，告知路人给"梁木"让道。抬喜梁一般用四个人，走露天道，不能经过任何房子的屋檐下，路上遇到"半路亭"之类的，要想办法避开，更不能在亭内休息。因为"梁木"是整座桥梁至高无上的木材，不能居于其他

木材之下。

把喜梁抬回桥址处后，用木叉马将其架在桥址旁边高处的空地上。喜梁的树皮应抬回来后再削。树皮的处置也有一定的规矩：一是放在清洁的高处晒干后，烧成灰用作神龛香炉灰用；二是放在溪中让水冲走。作为喜梁的这根杉木，除了中间截取一段作为喜梁外，它的头尾两截要作为桥中间神龛两边的立柱。

祭河动工

建造贯木拱廊桥的动工日期通常在秋分之后的枯水期，因为这个时间段内溪流的水量较小，便于施工，而且此时农村劳动力充足、物产丰富，能够满足建造贯木拱廊桥的人力与物力需要。

开工之前要举行祭河仪式。事先准备一筵斋供，如香烛、茶、酒、果点、素菜、三牲（指全猪、全羊、全鸡）等。然后由主墨点三炷香，稽首躬念"请符官通信口状"。接着由道士主持请神、读疏文和送神环节。祭河疏文就像一张告示，一般写明：某府某县某都某村因为溪河阻挡无桥通行造成交通不便，某村某弟子（指缘首或董事）定于某年某季某月某日，在某地建造木拱桥一座，请某神及鲁班先师保佑造桥过程顺利、师傅工人平安等。

造桥工程完成后还要进行竣工答谢河神仪式，此仪式有简、繁两种，简单的仅设一斋供匠师或缘首、董事读答谢疏文时使用；繁杂的按祭河时的三个程序进行。

发锤仪式

"发锤仪式"是在整个拱架的木构件基本加工完成后举行的仪式，由主墨主持。需提前准备好香烛、纸、斗、灯、镜子、尺、剪刀等工具，还有斋菜、水果等供品。将其摆在案桌上，祭拜鲁班祖师，包括点香、请师傅、拜祭师傅和默念祭语。

默念完祭语，主墨用榔锤向空中连打三锤（辟邪用的一种祭法），然后在即将安装的拱架木构件上敲三锤，边敲边大声说风调雨顺、大吉大利等吉祥语。仪式完成后，开始正式组装拱架。

上苗梁喝彩

在安放三节苗平苗中间的一根大梁时要举行"祭梁仪式"，也称"上苗梁仪式"，由主墨主持。在上梁仪式前，需在溪边摆一张供桌，放置香烛、茶、酒、果点、斋菜等供品以及墨斗、斧头、凿子等工具，由主墨主持并与众人一起祭拜，再放上两挂鞭炮，并大声念一些吉利语"喝梁"：

一逢一、二逢一、三逢一，
吉日良辰天地开，
阴阳相配大利此方。
谨请天皇銮驾到，
谨请玉皇銮驾到，
太阳星君到、天智正马到、
传送正禄到、太阴星君到、
天乙星君到、鲁班师傅到、
贵人星君到、大吉星君到。
日子已定、时辰已到，
鸣炮开发送上梁。

在鞭炮齐鸣中，造桥木匠转动、抽紧天门车的缆绳，使大梁徐徐上升。这时，主墨喝梁、众人同场喝彩。

在拱架上，造桥木匠也会一边将三节苗的苗梁打入大牛头的卯口中，一边喝彩。

上喜梁福礼

董事组织建造贯木拱廊桥时有两种方式。一种是请一班木匠完成拱架的搭建以及铺设桥面板，再请另一班木匠完成廊屋建造。另一种是由一班木匠独立完成整座桥。一般在造桥过程中除了举行上苗梁喝彩仪式外，还要举行上喜梁仪式。

上喜梁是整个贯木拱廊桥建造过程中最重要、最隆重的民俗仪式之一。村里的男女老幼都到场参加，一是表示庆贺，二是可以接到"风水"，得到保佑。

上喜梁之前，要举行类似于上苗梁的喝梁，然后由主墨和副墨一起，亲自将喜

| 福建寿宁飞龙桥的上喜梁仪式 |

梁平行抬上梁架顶端。抬梁时，其他木匠和众人使用"Y"字形木杈等工具协助。喜梁抬到屋顶时，主墨、副墨再小心把它安装在预先做好的凹槽内。喜梁上披挂一块大红布，红布上一般写"紫微銮驾"四个大字。接着由主墨站在喜梁边上喝彩，之后将丈篙横放在喜梁下方的梁架上，再回到桥面。

月福礼仪

这是贯穿于整个施工期间的一种仪式。根据建造贯木拱廊桥的难易程度，其施工周期大约需要四个月至半年。为了祈求神灵保佑施工能够顺利进行，以及造桥工匠的安全，通常在桥头旁边专门设置神龛，张贴神榜，并摆上香案、供品。每日早晨出工时，工匠都会上三炷香。农历每个月的初一、十五也要举行祭祀仪式，称为"月福"，如果当月有福主、土地等当地神祇生辰，还要追加祭祀。

庆祝仪式

取币赏众

上喜梁仪式结束前，还有一个比试木匠技能的小插曲。上梁前，在梁木的中部悬挂一个小红布袋，里面装上大约一千克铜币。上梁后，主墨挑选身手灵活并且不惧艰险的木匠，上梁取回铜币。取币的木匠，需手提榔锤走上喜梁的梁头，说两句吉利话，然后才可走到中间将铜币取下。伴随着桥下众人鼓掌称好，取币的木匠走到另一端梁头，再说两句吉利话，然后下梁把取回的铜币交给主墨，再由主墨将铜币赏给诸位造桥木匠及助工者。

整个安放喜梁的习俗真的是又热闹又有趣，各种仪式步骤也很复杂，那么为什么会形成这样的习俗呢？原来，古代民间把建廊屋看成是建房屋，廊屋的喜梁仪式就类似于民间建房时的"上梁仪式"，"喝梁"又类似于民间做墓风水中的"喝龙"。村民们希望通过这些礼俗把廊屋化作龙身，接通两岸龙脉，达到"从此来龙风水应，世世代代永其昌"的风水营建功能。进而保佑全村百姓，身体健康，生活富裕。

抛梁置酒

上喜梁仪式结束后，随即进行"抛梁"，众人在桥下接桥上抛下的糖果、花生等，以求平安得福。另外，工匠需要站在梁木上，边念吉祥语，边把挂在栋梁上的七宝袋抛到铺在地上的布单上。董事将七宝袋在家里放七天后，将袋内的银、铜、铁、油麻、花生、枣、米这"七宝"分给村民。这些物品均

有不同的吉祥寓意，如"枣"因为和"早"谐音，人们便用枣祈愿"早生子""早发财"；铜一般是铸有"长命富贵"字样的铜钱，寓意吉祥。

在上梁之日，董事要置办一餐丰盛的"上梁"酒，既是庆贺贯木拱廊桥即将大功告成，又是对建造廊桥的师傅和助工表示感谢。

踏桥开走

桥面基本造好后，在正式通行之前也要举行仪式，这就是"踏桥开走"。通常是组织修桥的董事、缘首，还有乡村中捐款数目较大，三代或四代同堂并夫妻双全，有一定名望且家庭较富裕的"好命人"。开走之人可讲些吉利话，如风调雨顺、五谷丰登、村村兴旺、造桥师傅名扬四海等。

完桥福礼

完桥福礼又被称为"圆桥福礼"，是在整座贯木拱廊桥完全建造好的时候举行的仪式。将桥视为有生命之物，寿命可以因仪式而延续永久，具有非常重要的象征意义。

如果廊桥上没有供奉神佛，完桥福礼比较简单，一是"祭河"答谢河神；二是进行与"踏桥开走"类似的踏桥活动。另外，董事、缘首要备一桌"完桥福礼酒"答谢工匠，在席前与工匠结算工钱及其他费用，工匠也会交代一些注意事宜。

如果廊桥上供奉神佛，仪式就复杂、隆重许多。首先，要做好神龛、塑好神像，再请道士或高僧做三天法事，在"圆桥"那天举行"开光"仪式，喝"圆桥酒"，还要在当地请一对德高望重、儿孙满堂、年纪较大的夫妇从桥上踏过，同时燃放爆竹。然后进行喝"圆桥酒"、结算工钱等事宜。

贯木拱廊桥的传统文化

| 贯木拱廊桥的传统文化 |

贯木拱廊桥是具有独特的文化内涵以及传奇色彩的桥，它常常和宗教信仰、神话故事等联系在一起。

与贯木拱廊桥有关的宗教与信仰

多数贯木拱廊桥也是人们祭祀祈福的重要场所，常与寺庙、道观和社堂相结合，因而形成了它独有的民间信仰特点。

桥庙结合的方式

绝大多数贯木拱廊桥中间设置神龛，供奉神灵，或者在桥头单独建庙。此外，精致的八卦藻井、鲜红的还愿锦旗、精美的宗教绘画和独特的签诗牌都增加了其宗教色彩。

贯木拱廊桥成为乡民寄托美好愿望之所，或求保平安健康，或求财增寿，或求

| 福建寿宁升平桥藻井 |

| 福建寿宁鸾峰桥锦旗 |

子添女，或求取功名。桥上的神龛和祭祀活动，给贯木拱廊桥增添了几分神秘色彩。

一般来说，人们建庙宇是为了求神拜佛，祈求各种愿望能够实现。那闽浙地区的人们为什么要在桥上修庙、供奉神灵呢？

首先，正如我们前面提到的，这些山区地带人口多，田地少，农民面临很大的生存压力。明朝时期，这里的

| 福建寿宁福寿桥上设神龛祀观音、真武帝以及临水夫人 |

| 福建寿宁飞云桥上设神龛祀临水夫人和黄山公，此桥被远近民众认为是临水夫人的祖殿 |

倭患又十分猖獗，村民经常面临强盗的骚扰。医疗条件十分落后，面对疾病人们束手无策，只能听天由命。

其次，这片土地自古以来就有信鬼神的传统，在人们内心痛苦无法排解时，就会祈求神灵保佑。也希望神灵保佑桥梁免受洪水、火灾的损毁，保护过路行人的安全，保佑村落平平安安。

人们信奉神灵，需要神灵的护卫，然而如果到处都要建庙，就需要很多资金。于是，聪明的村民想到一个好办法，在桥上修庙、设立神龛。虽然庙宇简陋了一些，但是既修了桥、又建了庙，祭拜起来还方便，可谓一举两得。可以说，贯木拱廊桥是一种"河上架桥，桥上建庙，以廊护桥，桥庙合一"

| 福建寿宁寿春桥廊屋中部设神龛祀观音等菩萨;桥南端也设神龛,祀三眼灵官、土地神、文昌帝 |

的独特桥梁文化样式。

贯木拱廊桥上的神灵

贯木拱廊桥的民间信仰色彩十分浓厚。那么贯木拱廊桥上都有哪些具有独特本领的神灵呢?据说,桥庙中供奉的桥神,有观音菩萨、真武帝、金童玉女、关公、文昌公等我们所熟悉的神仙。也有的神仙,熟知的人很少,比如临水夫人陈靖姑、五显大帝、四洲佛、马仙、黄山公、土地公、社主等地方神仙。其中,陈靖姑和马仙信仰被列入国家级非物质文化遗产名录,黄山公信仰被列入市县级非物质文化遗产名录。

神龛供奉的神灵不同,所以祭祀的时间也不同,平时敬神以农历每月的初一、十五为主。农历上"有神在"的日子也经常有人上香,最热闹的是正月,特别是桥神的生日,村民纷纷到桥庙祭拜桥神,祈求一年平安顺利。有的地方还要举行村落的集体祭祀,参加祭祀的不仅有本村的村民、附近的信众,还有桥上往来的过客。

桥神无论文臣武将,几乎都具有佛教、道教和儒教三教融合的特征，能满足村民的各种实际需求。比如观音、真武帝、临水夫人和五显大帝，村民向他们祈求平安、得子、求财、升官、消灾、除病、打鬼等，村民都十分信任他们。

村民也把鲁班作为神灵祭拜，毕竟只有能工巧匠才能造桥，而鲁班就是技艺高超的代表。在古代，科技水平不发达，造桥是一项十分危险的工程，造桥师傅要承受巨大的心理压力，因此鲁班就成了他们的精神支柱，希望通过祈祷能得到保佑，顺利完成造桥。

此外，在建造贯木拱廊桥的一系列步骤中，也都有着与其相对应的建桥习俗活动。比如伐梁仪式中敬树神与土地公，上梁仪式中的神灵崇拜，祭河仪式中的敬河神与龙王等。

现今很多仪式内容虽然正在简化甚至慢慢消失，但是仪式的形式还是一代代传了下来。

求签问卦

"跨进庙门两件事，烧香求签问心事"，这句俗语表明了求签在民间信仰中的重要地位。贯木拱廊桥中有桥庙的大多数都有求签的签筒、杯筊、签诗牌或者签诗条。签诗牌一般为木质材料，上面写有签诗内容，常挂在桥庙里，以便摇签后核对。大多数桥庙可以自由求签，不必付费。

桥庙里的签诗内容都是卜事签，按吉凶程度比例划分，上、中签约占70%~80%，下签比例较少，这样可以满足香客趋吉避凶、寻求安慰的心理。香客一般在上香祭神后通报事名，然后摇筒出签、掷筊定签，最后解签卜事。如果不满意可以再求，直到心满意足为止。

桥自身的风水内涵

村民认为，修桥铺路不但可以造福现世，还可以积德，来世会有好报，所以对修桥敬桥十分看重。桥是沟通阳界和阴界的媒介，是通灵的。人的出生是顺着百花桥而来，人的离世是过奈何桥而去。神仙升天与下凡的通道是金桥，所以，出现了很多由"仙"字命名的廊桥，如仙宫桥、仙恩桥。

贯木拱廊桥往往分布在村落的水口和水尾（溪流进入和流出村落的位置），有的也建在村内或古道必经的深山溪涧上。选址在村落水尾的最多。有的村落会在水口与水尾各建一座形成姐妹桥，如福建寿宁尤溪村的尤溪上桥和里仁桥。

水在传统的理解中有象征财富的含义，不同位置的贯木拱廊桥具有不同的风水意义。建在水口的能抵御村外煞气的侵入，建在水尾的能填补溪流形成的风口，保护村落的财富，留住文运。

福建屏南棠口村的千乘桥位于村落的水尾，桥上祭祀五显大帝，桥墩为鸡头船形，寓意镇水，整座桥像金鸡展翅，与两岸的竹林一道将水尾堵得严严实实，形成了良好的风水条件。

在贯木拱廊桥的营建过程中也有一些风水的禁忌。廊屋两头的石阶要按道、远、之、时、路、摇（遥）、通、达这八字来演算。根据这些吉凶文字来设定台阶步数，如可以做成七至十步，分别与通、达、道和远相对应，绝不能做成四至六步，因为这些步数分别对应的是犯凶的时、路和摇三字。

廊屋的宽度和高度（廊屋中间金柱的高度）的尺寸也按这吉凶八字来推算，比如桥屋一般做成"丈八宽"，这个尺寸中带个"八"，与"达"相应，视为吉利的尺寸。

人们认为桥上建桥屋后会产生明显的桥煞，桥煞是顺桥路的穿堂风而来，与村民的生活发生冲突，因此，在修建时，都尽量避免桥头正对房屋和墓地。

镇住桥煞最普遍的方式是在桥的中段设置神龛，神灵朝溪流上游，冲缓煞气。还有一些在桥头设置镇物镇住桥煞，改造不良风水。以福建为例，霞浦的临清桥在桥头建寺庙，寿宁的寿春桥设置神龛，屏南的广福桥修建了围墙，福安的棠溪桥设置了香炉，周宁的登龙桥设置了经幢，柘荣的东源桥修建了佛塔。

另外，还要避免不洁之物直接从神龛前通过，大部

| 福建屏南千乘桥桥墩 |

｜福建柘荣东源桥桥北佛塔｜

分廊桥通常在神龛对面另辟一条甬道，专供秽物以及牲畜等通过，棺材过桥则用布帘将神龛遮住。

造桥桥约

与其他乡村公共建筑工程一样，修建贯木拱廊桥也有董事负责。唯一不同的是，这是一项社会公益类工程，根据董事的不同，社会参与的形式也有差别，因而有官修、官倡民修和民修三种方式。而与建造贯木拱廊桥相关的还有一些契约文书，这些契约文书是研究贯木拱廊桥建造传统和绳墨谱牒弥足珍贵的资料。

清朝时期，建桥董事、缘首等与造桥工匠签订的建桥合同，称作"桥批""桥约"，如果是书写聘请某工匠的约定，也称作"请约"。

桥约一般是在毛边纸或宣纸上，用毛笔竖向书写。书写内容为董事、缘首某某等人为建造或重修某地某桥，今在某地某村请得木匠某某造桥。桥约的内容主要有：一、建造贯木拱廊桥的建桥方提出所建桥的长度、高度和宽度，桥面上立几排柱子，桥内建板凳、神龛等。二、如果此工程为拆旧桥重建，则提出要拆换的部位，如某处苗、桥面板、枋檩木等。三、写明桥台的高度、宽度、厚度及砌法、用石规格尺寸等。四、材料的供给，桥苗运送到何处，搭架的木料、篾绳和铁钉由何方筹备，有的连工匠墨斗用的墨斗线是自备或建桥方供给也写上。五、除木匠外，建桥台的石匠，盖廊屋的泥水匠等由谁负责。六、总造价多少，如何兑付。七、标明农历每月初一、十五以及敬神仪式开支，上梁的花红（给主墨的红包）开支数额等。八、关于双方违约罚款情况。九、书写签约时间、签约人姓名（盖章或画押）、见证人和代笔者。在时间后面还要慎重地书写上骑缝字（多为吉祥词语），最后常在左上角书写上"某某大吉"等字。若添补遗漏的约定，还要再由书写人签字画押，以示慎重。

现存的桥约凤毛麟角，只有在传统悠久的"造桥世家"中，才可能有收藏。

清道光二十一年建造福建寿宁杨梅州桥，立纸质桥约，纸长 37 厘米，宽 24.7 厘米。此桥约十分简洁，约定了拆建木拱桥的原因、名称、工匠、工钱的金额以及交付的时间，最后是签约时间和签约人。

贯木拱廊桥的文化内涵

贯木拱廊桥具有丰富的文化内涵和艺术审美价值。文学、碑刻以及艺术装饰等都是一笔宝贵的文化财富。

桥谚、桥联

贯木拱廊桥上的书法楹联、梁书、匾额以及桥外的碑记、石刻和题咏等，都是宗教思想、社会生活的体现。

大多数桥屋的梁上都有用墨书记载的建桥董事、主墨、桥台石匠、风水先生、择日先生以及捐款人的姓名。福建屏南的百祥桥、千乘桥等还保留石碑碑记。桥上的一些匾联集诗文、书法和工艺美术于一身。题写的诗文，有的突出特定的风景，有的借物咏怀，有的颂建桥之功，有的写建桥之史。写景的楹联，多采用园林艺术中的"借景"表现手法。如福建寿宁杨梅州桥的桥联写道："槛外花香清剑气，桥中风韵播琴声""一水中流现明镜，两山对峙绚彩虹"。作者通过不同的视角，展开艺术想象，高度概括地描绘了福建山区独有的秀丽风光。

艺术装饰的内涵

贯木拱廊桥的装修装饰

| 福建寿宁飞云桥楹联 |

| 福建寿宁仙宫桥的内檐装饰 |

| 福建寿宁升平桥屋顶灰塑装饰 |

如镂花式的屋脊是以灰塑构成图案，还有的是以砖雕砌筑，打造出动物、花草等灰塑嵌花式屋脊。屋脊是舒展、平缓的曲线向两端自然过渡，组成了优美动人的天际轮廓线。

贯木拱廊桥上装饰有吉祥寓意的窗洞和壁画，多采用植物、动物、图腾、历史人物、文字等形象，采用谐音、象征、比拟等方法来表达自己的美好意愿。

廊桥中的藻井也是装饰的主要部位。福建周宁三仙桥内的藻井人物彩绘十分精

是其艺术表现的重要手段之一，桥内通常采用木雕、雕塑、彩绘、书法等形式，桥外则用灰塑、砖雕、壁画等装饰，这些艺术形式灵活搭配，使廊桥更具艺术魅力。

贯木拱廊桥廊屋的屋顶是一个主要的装饰部位。比

美，色彩简单朴素，以线描为主，画面栩栩如生，可惜后期损坏十分严重。

福建屏南千乘桥屋脊上的风狮爷石雕和寿宁飞云桥上的陶塑狮子以及神龛中供奉着的各种神像，均造型拙朴，线条简洁，整体丰硕稚胖。廊桥内的泥塑表面施以颜色，彩绘用笔粗放，色彩对比强烈。

相关文学作品的渲染

"新月出云，长虹饮涧"这句诗常被人们用以形容贯木拱廊桥的美丽形态。浙江

福建屏南千乘桥边的题咏

庆元举水乡月山村的如龙桥廊屋局部出重檐和三重檐阁楼，横跨于山水之间，如长虹，又如天上宫阙，美妙至极。

有诗云："玉宇琼楼天上下，长虹飞渡水中央。上下影摇流底月，往来人渡镜中梯。"

贯木拱廊桥的历史故事与传统节日民俗

贯木拱廊桥还有许许多多让你意想不到的历史故事以及独特的传统节日民俗，它们带着鲜明的地域色彩，向人们昭示着贯木拱廊桥的

与众不同。

历史变迁

北宋时期，汴河作为漕运枢纽，最初是引黄河的水，后来引洛水，因此，汴河的水

61

流湍急，也增加了漕运压力。

天禧元年正月，一位名叫魏化基的低级武官（官名：内殿承制），为了解决桥柱损毁船只的严重问题，尝试修建"无脚桥"，但是需要用多于原来三倍的人工才能建成。这是历史记载中初次提出修建虹桥的构思，可惜没有成功。

明道年间，一位无名的"牢城废卒"在青州（今山东益都）知州夏竦的支持下，成功建成了一座无柱飞桥，称为南阳桥，它历经多年都没有损坏。

庆历年间，安徽宿州官

员陈希亮为应对水患，在汴河上建了一座无柱飞桥，效果显著。随着技术的成熟，其他地区也开始仿造飞桥，便形成一种新的桥型——贯木拱桥。

近代革命故事

浙江庆元的贯木拱廊桥与中国近代革命交织在一起。从1933年到1949年，红军北上抗日先遣队、红军挺进师、闽东独立师、闽北独立师等在庆元频繁活动，革命前辈的足迹踏遍了庆元的古道廊桥，赋予庆元廊桥红色神韵。浙江庆元竹口后坑桥就因红军北上抗日先遣队在此与敌人发生过一场战斗，又名"红军桥"。

福建寿宁犀溪乡李家山村的红军桥建于1954年，桥上风雨板的板洞呈五角星

福建寿宁红军桥风雨板壁上的五角星板洞

状，是红军精神与贯木拱廊桥结合的典范。

清醮仪式

清醮即祭祀活动，不同的祭祀对象，其清醮程序不同。

元宵临水夫人清醮

临水夫人姓陈名靖姑，因善于医病、除妖、扶危、救产、保胎和送子而广受崇拜。在民间信仰中，临水夫人的主要职能是"救产"和"庇幼"。福建寿宁后墩村的飞云桥是当地及周边临水夫人信仰的总庙，传说廊桥的神像里有临水夫人的肋骨真身。每到清醮之日，都要经过求香火、请花、襄关、迎神、演戏等环节，而且需要在法师（当地称为先生）的指导下完成。

马仙清醮

马仙俗称马五娘，是一个极尽孝道、精于医术和乐于公益事业的孝媳贤妇型女性，据冯梦龙所著《寿宁待志》记载，马五娘出嫁前夕，未婚夫突然去世。她发誓不嫁，侍奉公婆至孝。求雨祈子、召圣兴云、驱瘟遣疫和降魔伏寇，都在马仙的主要职责之内。

马仙清醮仪式有开坛、发奏、请神、诵经、净社、进香烛、接神、庆诞供、安位、祈保、做十保、襄关、做诸天供等。

黄山公清醮

黄山公俗称黄槐，福建寿宁清源乡韶托村人。黄槐为官清正廉洁，一心为民，不论是在徽州知州任上还是弃官归隐鹤溪，都为当地百姓做了许多善事。人们尊奉其为"黄山公"，将其故里水库命名为"黄槐湖"，其隐居采药修炼之山被称为"黄山仙岩"。

黄山公清醮则为起驾进村巡游，整个活动行程安排三天三夜，分别巡游洋尾、托溪和溪坪三个村庄，每个村庄安排一天一夜，巡游活动是为了祈求风调雨顺、国泰民安，给群众带来平安和好运。

端午节廊桥走桥习俗

在贯木拱廊桥的分布区域，还保存有特殊的"端午节廊桥走桥习俗"。走桥活动的时间各地略有不同，闽东北是五月初五，而浙南则在五月初六。

庆元的端午走桥习俗曾在2012年7月被列入浙江省第四批省非物质文化遗产名录。这个习俗与"踏桥开走"不同，整个仪式非常复杂。要先摆放供品祭祀神明，烧库钱、经条，走桥，祈祷和念经，然后往河里扔粽子，接着宴请外村村民。走桥的主要目的有三个，一是祈祷生活中的各种愿望能够实现；二是期望死后顺利渡过奈何桥；三是纪念爱国忧民的屈原。

|福建寿宁飞云桥内景|

贯木拱廊桥的物资保障

贯木拱廊桥的物资保障

贯木拱廊桥的前期建造以及建成后的长期维护，都有一套完整的程序与组织，包括人力、物力、财力等多方面的筹措、储备、管理和供应。

供料桥山

建造贯木拱廊桥需要耗用大量木材，绝大部分为杉木。为了使贯木拱廊桥在遭受自然灾害和人为损毁后能及时地重建，建桥缘首或董事都捐款买山栽树。这种专门提供造桥木材的山，百姓俗称桥山。贯木拱廊桥所在的闽浙边界发现两处桥山，福建与浙江各有一座。

福建的桥山在屏南县棠口镇与寿山乡交界处的百祥桥桥头西面。

百祥桥始建于宋代，清咸丰二年重修后，旺坑、漈头村的张永衢等16人捐资买了一片山坡，栽种杉木以作修桥专用林，并在桥头立碑。清光绪年间桥毁于火患。光绪二十年，以漈头张传陞为首募捐重建，以及2002年秋百祥桥修缮，所用木料都取于这片山林。目前，山上还有大杉木300多株，据测算材积有1000多立方米。

浙江的桥山在庆元县松源镇梅湾龙钟山，面积2万多平方米。在梅湾桥山凉亭

|福建桥山碑|

边有一石碑,碑文曰:

承解放前咏归桥桥山董事季存厚移下,直至合作化时期成立桥委会,因时代等变迁,于今年改组,特立碑记载。一片:梅湾上至凉伞尖顶,下至田,左至油望岗,右至鸡麻亭岙火路。二片:龙钟山(桥山)上至凉伞尖顶,下至大路,左至鸡麻亭岙,右至双股岭头火路。咏归桥委会:王文,姚逢炳、姚廷周、吴培荣、陈明清、陶呈东、张贤兴。一九九〇年(庚午)秋季立(此桥山与营林公司承包四十年)。

通过碑文我们知道了桥山的来由、山界位置以及现在营林承包等情况。桥山的杉木除用于修建咏归桥外,经桥董事同意,还曾捐助60根修建梅湾桥山凉亭。

桥山是村民们的善举,解决了修建贯木拱廊桥时缺少大杉木的难题。它有三个好处:一、可以蓄养大杉木以备修桥建桥时使用,方便又省工;二、植树的本身也就做好了水土保护工作;三、造就了一方景观。总之,桥山是利国利民的好事,值得借鉴。

备资桥田

贯木拱廊桥建成若干年后，受风雨侵蚀难免有损坏，要适时进行维修，想修缮就要用钱，因此便形成了捐赠桥田的好传统。桥田就是贯木拱廊桥建成后，保护桥梁的热心人捐赠的田地，每年所收田租由廊桥董事负责管理，用于修缮或储资再买田。

桥田或桥租的管理，一般由廊桥董事建立账册，并立碑记。如《庆元县志》中详细记载了桥田、桥租和桥山的管理规范。

桥田有时也称"义田"。清乾隆年间，义士吴昌兴独建护龙桥等三桥后，认为"桥当溪流之冲，其不能保久，复捐置义田，计租数百，登其所入，颗粒悉归诸公"。

茶歇桥亭

贯木拱廊桥建好后，有时行人商贾到桥廊内歇息，却没有茶水解渴，很不方便。此外，廊桥如果要保持长久，也需要有专人守护，便产生了桥头茶亭，也称桥亭、茶堂。浙江景宁有一座桥，因桥头设茶堂，久而久之亭边

的桥也被称为茶堂桥。2002年，因当地水利工程建设被拆除，后迁建于北京中华民族博物院。

福建福州晋安区日溪乡的多享桥，是连接多地和通往京城的要道。桥头建有多桥亭，也是玄帝庙。据说古

时很多学子赴京考试经过此处，在亭中祈福。金榜题名、步入仕途的人很多，他们又筹款修亭（庙）、修桥。

贯木拱廊桥是"古老概念的现代遗存"，其大跨度飞拱没有桥柱，是造桥木匠将杉木纵横相贯搭建而成的，是古代人民智慧的结晶。更特别的是，这种桥庙合一的桥梁文化样式是当地民众祭祀祈福之所，有的桥上还出演"木偶戏"等民俗活动，具有浓厚的地域色彩。

为了守护这项珍贵的历史文化遗产，许多桥梁、建筑、文化、民俗方面的专家和学者为此倾注了诸多心血，对其进行研究和保护。

希望本书能够带你们走近贯木拱廊桥，静静地感受它的独特魅力，从而更加热爱我们中华民族优秀传统文化，身体力行地保护和传承下去。

图书在版编目（ＣＩＰ）数据

贯木拱廊桥 / 程霏，沈策著；刘托本辑主编. --
哈尔滨：黑龙江少年儿童出版社，2020.2（2021.8重印）
　　（记住乡愁：留给孩子们的中国民俗文化 / 刘魁立
主编. 第八辑，传统营造辑）
　　ISBN 978-7-5319-6477-3

　　Ⅰ．①贯… Ⅱ．①程… ②沈… ③刘… Ⅲ．①木桥—
拱桥—建筑艺术—中国—青少年读物 Ⅳ.
①U448.22-49

中国版本图书馆CIP数据核字 (2019) 第294080号

记住乡愁——留给孩子们的中国民俗文化　　　　刘魁立◎主编

第八辑 传统营造辑　　　　　　　　　　　　　　刘 托◎本辑主编

贯木拱廊桥 GUANMUGONG LANGQIAO　　　　程 霏 沈 策◎著

出 版 人：商 亮
项目策划：张立新 刘伟波
项目统筹：华 汉
责任编辑：曲海英
整体设计：文思天纵
责任印制：李 妍 王 刚
出版发行：黑龙江少年儿童出版社
　　　　　（黑龙江省哈尔滨市南岗区宣庆小区8号楼 150090）
网　　址：www.lsbook.com.cn
经　　销：全国新华书店
印　　装：北京一鑫印务有限责任公司
开　　本：787 mm×1092 mm　1/16
印　　张：5
字　　数：50千
书　　号：ISBN 978-7-5319-6477-3
版　　次：2020年2月第1版
印　　次：2021年8月第2次印刷
定　　价：35.00元